Das Liebes-Orakel

W0471330

GILLIAN KEMP

Das Liebes-Orakel

MIT 30 MAGISCHEN KARTEN

Aus dem Englischen
von Eva Dempewolf und
Claudia Fritzsche

nymphenburger

In derselben Ausstattung
bei nymphenburger erschienen:

ISBN 3-485-00867-2

Widmung:
Meiner bezaubernden Yorkshire-Hündin Daisy-May, deren Liebe in den Karten und Seiten des Liebes-Orakels fortlebt.

Und immer schon hat die Liebe ihre wirkliche Tiefe erst im Augenblick der Trennung erfahren.

Kahlil Gibran

Und dem einen, den ich liebe.

© Gillian Kemp
Designed by David Fordham
Illustrations by Jacqui Mair
Titel der Originalausgabe: The Love Spell Box
First published 2000 by Cima Books

1. Auflage 2000
2. Auflage 2001

© für die deutschsprachige Ausgabe nymphenburger in der F. A. Herbig Verlagsbuchhandlung GmbH, München 2000
Alle Rechte, auch der photomechanischen Vervielfältigung und des auszugsweisen Abdrucks, vorbehalten.
Satz: Anna Jansen/Ina Hesse
Gesetzt aus 9,5/13 pt. Simoncini Garamond
Druck und Binden: Tien Wah Press Pte, Malaysia
ISBN 3-485-00856-7

Besuchen Sie uns im Internet unter: http://www.herbig.net

Inhalt

Einleitung

Liebe ist ein starkes Gefühl. Sie gleicht einer elektrischen Ladung und zeigt selbst auf weite Entfernung enorme Wirkung.

Auch Magie besitzt große Macht und beeinflusst die Gedanken ihres Adressaten. Allerdings muss Ihre Magie auf Zuneigung gründen, damit sie nicht negativ auf Sie selbst zurückfällt. Beginnen Sie deshalb jeden Zauber mit den Worten:

Oh, Liebeszauber, sollst niemals umkehr'n dich
und als böser Fluch dich wenden gegen mich!

Um das gewünschte Resultat zu erzielen, müssen Sie sich mental ganz auf Ihr Ziel konzentrieren. Die Gefühle, die Sie Ihren Liebeszaubern mit auf den Weg geben, lassen sie gelingen – und dies wiederum stärkt Ihr Vertrauen in die eigenen Fähigkeiten.

Hass ist ohne Liebe nicht denkbar, denn auch wer hasst, ist voll auf das Objekt seiner Gefühle fixiert. Ist einer Ihrer Zauber von Hass gelenkt, öffnen Sie jedoch dem Unglück Tür und Tor. Der weitaus bessere Weg ist folglich ein Zauber, der den Verflossenen zur Rückkehr bewegt.

Liebe ist Einssein, heißt, den geliebten Menschen in das eigene Fühlen und Denken einbeziehen. Wahrer Liebe gehört die Ewigkeit, weit über Zeit und Raum dieser und anderer Welten hinaus. Menschen suchen und finden Liebe, verletzen und trennen sich, werden enttäuscht und rachsüchtig. Auf dem Höhepunkt der Schmerzen geht ihnen die Liebe verloren.

Licht und Leben des Universums bedeuten Liebe in Vollendung. Wir können an die Schicksalsmächte appellieren und uns die universelle Energie zunutze machen, denn beide sind Teil unseres Wesens. Bringen Sie Ihr Selbst durch die Zauber mit den Mondphasen, den Sternstunden und Venustagen in Einklang, erhöhen Sie damit die Intensität Ihrer Wünsche und lassen Sie so Ihre Träume wahr werden.

Liebeszauber sollten stets bei zunehmendem Mond erfolgen. Keinesfalls dürfen sie bei Neumond ausgesprochen werden, das heißt, drei Tage bevor die Sichel des neuen Monds am Firmament erscheint. Zauberbann hingegen gehört in die Zeit nach dem Vollmond.

Sind Kerzen für die Wirkung Ihres Zaubers nötig, sollten Sie immer ganz neue, »reine« verwenden, denn bereits angebrannte Kerzen tragen noch die »alte« Energie der letzten Zeremonie in sich.

Und niemals ein Wort zu jemand anderem – zumindest nicht, bevor der Zauber sich erfüllt hat. Sonst zerstören Sie seine Kräfte!

Die magischen Karten und ihre Bedeutung

Die Karten geben Ihnen verschiedene Möglichkeiten an die Hand: Sie können damit Einblick in Ihr jetziges und zukünftiges Liebesleben gewinnen und dieses anschließend mit Hilfe der Liebeszauber bereichern oder auf den richtigen Weg bringen. Sie können die Karten auch für Freunde und Klienten legen, doch sollten diese das Spiel zuvor selbst gemischt haben. Auf den Seiten 40-55 finden Sie eine reiche Auswahl an verschiedenen Zaubern, ausnahmslos Weiße Magie, ohne einen häßlichen Gedanken. Auch brauchen Sie – anders als die drei Hexen in Shakespeares Macbeth – weder Schlangenzahn und Spinnenbein, noch Schneckenblut und Krötenschleim, sondern lediglich ganz alltägliche Dinge, wie sie in jedem Haushalt vorrätig sind, etwa Kerzen, Nadeln, Papier und Öle.

Das erste Kapitel führt Sie in die Bedeutung der dreißig magischen Karten ein. Jede einzelne Karte enthält schon eine Liebes-Voraussage. Die vier Farbserien umfassen jeweils sieben Karten: König, Königin, Ritter, Hofdame, Sonne, Mond und Sterne. Außerdem gibt es noch Venus und Cupido, die Ihrem Liebesleben weitere positive Impulse geben können.

Jede Karte besitzt ihren ganz eigenen Liebeszauber, der sich jedoch mit dem Zauber der anderen Karten verbinden lässt, so dass Sie letztlich aus einer Vielzahl von Zaubern auswählen können.

Das zweite Kapitel zeigt, wie Sie Ihr Schicksal aus den Liebeskarten lesen und Antworten auf bestimmte Fragen in Sachen Liebe bekommen. Manche Prophezeiungen können Sie traurig stimmen – aber wenn Sie den Problemen auf den Grund gehen, haben Sie auch im wirklichen (Liebes-)Leben gute Karten ...

Das dritte Kapitel kann Ihr Liebesleben auf magische Weise verändern, denn es ist Magie pur. Liebeszauberei macht Spaß! Unsichtbare Mächte sind Ihnen wohlgesonnen und greifen Ihnen – im wahrsten Sinne des Wortes – unter die Arme. Die Zauber, die für Sie wirken, geben Ihnen ein wundervolles Gefühl der Verbundenheit mit der Sphäre des Göttlichen. Erleben Sie die Weiße Magie bewusst, fühlen Sie sich eins mit der Welt und lernen Sie sie mit völlig anderen Augen betrachten.

AMORETTEN

DIE SERIE DER WAHREN LIEBE

WAHRE LIEBE IST ROMANTIK PUR. Diese Serie ist wichtig für alle, die eine an- und aufregende neue Liebesbeziehung ersehnen oder der bestehenden neue Impulse verleihen möchten. Sie verspricht die Glückseligkeit eines erfüllten Liebeslebens. Ihr Herz öffnet sich der Wahren Liebe, und die Wahre Liebe hält Einzug.

König der Wahren Liebe
Herr der Liebe

Der König der Wahren Liebe verfügt über ein gesundes Urteilsvermögen, Selbstbeherrschung, magische und übernatürliche Kräfte. Im tiefsten Herzen ist er Romantiker, und die geliebte Frau steht bei ihm immer an erster Stelle.

Sind Sie bereits mit ihm verheiratet, können Sie sich zu Ihrer klugen Wahl gratulieren, denn dieser Mann wird den Pfad der Wahren Liebe und Sie niemals verlassen! Ruhen Sie im Bewusstsein seiner dauerhaften Zuneigung.

Sind Sie noch ungebunden, wird der Mann Ihrer Träume innerhalb des nächsten Jahres in Ihr Leben treten und der beste aller Liebhaber sein. Sollten Sie bereits auf Wolke sieben schweben, vertrauen Sie darauf, dass Ihr Liebster es ernst mit Ihnen meint und Sie vielleicht schon bald bittet, seine Frau zu werden ...

Zauber: Damit er um Ihre Hand anhalte (S. 58); Für ewige Liebe (S. 61); Eine glückliche Liebesbeziehung begründen (S. 64); Für starke Familienbande (S. 66).

Königin der Wahren Liebe
Herzensdame

Wer immer ihr begegnet, wird die Aura der tiefen und unbedingten Liebe spüren, die diese Frau umgibt. Ihr Charme zieht Männer an wie Licht die sprichwörtlichen Motten. Dem Glücklichen, der sie gewinnt, ist sie eine humorvolle Gefährtin, bezaubernde Geliebte und liebevolle Mutter seiner Kinder. Die Königin der Wahren Liebe gibt aus vollem Herzen, Ausnutzung verletzt sie jedoch tief.

Zwei Herzen vereinen sich und verschmelzen in einem Kuss. Ein Mann wird alles tun, um dieser Liebe Erfüllung zu bescheren. Ihre zärtlichen Gedanken bringen seine Liebe zu voller Blüte. Es könnte sein, dass Sie bereits zwischen Ende August und Ende September Ihr erstes Rendezvous mit ihm haben ...

Zauber: Er soll nur noch Augen für Sie haben (S. 59); Die Liebe herbeirufen (S. 60); Eine Scheidung abwenden oder beschleunigen (S. 82); Auf dass Ihnen sein Herz zufliege (S. 83).

RITTER DER WAHREN LIEBE
ROMEO

DIESER SENSIBLE ROMEO GLAUBT, ohne Ihre Liebe nicht weiterleben zu können, weshalb er Ihr Herz erobern und liebevoll für Sie sorgen möchte. Ihr zukünftiges Glück hängt davon ab, ob Sie diesen außergewöhnlichen Mann lieben können. Stimmt die Chemie, werden Sie an seiner Seite erblühen und strahlen. Vielleicht gehen Sie zwischen Januar und Mitte Februar auf Reisen mit ihm.

Verschmähen Sie seine aufrichtige Liebe, werden Sie in seinen Augen sehr undankbar handeln. Er wird Sie aus der Entfernung weiter lieben, doch nach einigen Monaten werden Sie einen anderen Mann treffen, der versucht, Ihnen den Kopf zu verdrehen, weil er Sie für Freiwild hält. Um das Hochgefühl der Liebe zu erleben, entscheiden Sie sich für ihn. Doch das Leben geht weiter, und Sie werden einsehen müssen, dass Sie seinetwegen Ihre Pflichten vernachlässigen ...

ZAUBER: Die Liebe herbeirufen (S. 60); Eine glückliche Liebesbeziehung begründen (S. 64); Klatsch und Tratsch ein Ende setzen (S. 74).

Hofdame der Wahren Liebe
Zauberin

Sind Sie vielleicht selbst die Hofdame der Wahren Liebe – oder eine Ihrer Bekannten? Sie ist ernsthaft, sanftmütig und freundlich in Wort und Tat. Ein Hauch von Unschuld umweht sie, und in ihrem Herzen gibt es ein geheimes Kämmerchen, zu dem nicht einmal der Liebespartner Zutritt findet.

Sie werden einen Liebesbrief oder eine andere Liebesgabe erhalten, Blumen, Schmuck oder etwas noch Großartigeres. Dieses Geschenk könnte überraschenderweise sogar von dem Mann kommen, in den Sie bereits verliebt sind.

Sie haben noch keinen Liebsten? Der Frühling wird ihn bringen! Vielleicht treffen Sie ihn im Kollegenkreis oder bei Freunden. Er wird Sie mit der ganzen Kraft seines Herzens lieben. Sie werden gemeinsam ein großes Gebäude betreten ...

Zauber: Für ewige Liebe (S. 61); Eine glückliche Liebesbeziehung begründen (S. 64); Gefühle ins Gegenteil verkehren (S. 78); Eine Scheidung abwenden oder beschleunigen (S. 82).

Sonne der Wahren Liebe
Leuchten der Liebe

Das Leuchten in den Augen eines Menschen, der Sie wahrhaft liebt, erfüllt Ihr Leben mit strahlendem Glanz. Sie haben schon eine stattliche Zahl von Amouren hinter sich, doch jetzt ist endlich der Wahre und Wirkliche gekommen, der Ihr Herz selig sein und höher schlagen lässt. Vielleicht sitzen Sie bald an seiner Seite lachend in der Sonne. Die Voraussage weiß von Urlaub, und die Sommermonate versprechen für beide besonders glücklich zu werden. Das Leben gestaltet sich in jeder Hinsicht sehr viel schöner für Sie ...

Zauber: Den Liebsten in Bann ziehen (S. 62); Sich einen Unwürdigen aus dem Herzen reißen (S. 68); Einen Nichtswürdigen aus seinen Gedanken verbannen (S. 77).

Mond der Wahren Liebe
Licht im Dunkel

Ihr Verhalten verflossenen Lieben gegenüber war stets untadelig. Doch nun reiten Ihre Gefühle auf dem Kamm einer hohen Welle einer neuen Liebe entgegen, die Sie aus dem Dunkel von Enttäuschung und Verlassensein herausführen wird.

Ihre Intuition ist bei Vollmond stets hellwach. In einer kalten Winternacht wird eine alte oder neue Flamme Sie mit der Magie der Liebe beglücken. Ein Mann aus Ihrer Vergangenheit versucht Sie zurückzugewinnen. An Weihnachten und Neujahr werden Sie glücklich sein – zu zweit und sehr verliebt.

Zauber: Er soll nur noch Augen für Sie haben (S. 59); Den Geliebten für immer an sich binden (S. 63); Eine glückliche Liebesbeziehung begründen (S. 64); Ein gebrochenes Herz heilen und die wahre Liebe finden (S. 88).

Sterne der Nächstenliebe
Erfüllte Sehnsüchte

Sie besitzen die angeborene Fähigkeit, in Ihre Vergangenheit, Gegenwart und Zukunft zu blicken. Ihre Bestimmung ist ein helles Licht, das die Dunkelheit überstrahlt. Der geliebte Mann wird Ihre Gefühle erwidern. Sie sind sein Augenstern. Sonne, Mond und Sterne segnen Ihre himmlische Romanze. Sie werden sich an einem Ort begegnen, wo Kerzen in der Nacht sternengleich funkeln ...

Zauber: Den Liebsten in Bann ziehen (S. 62); Den Geliebten für immer an sich fesseln (S. 63); Eine glückliche Liebesbeziehung begründen (S. 64); Einen Verflossenen zurückgewinnen (S. 71).

Tauben

Die Serie der Nächstenliebe

Diese Farbserie steht für den Weg der Liebe, und damit sind auch die Einflüsse der Familie auf eine Partnerschaft gemeint. Hier kann sich Geschichte wiederholen, und jemand fühlt sich zu einem anderen Menschen hingezogen, der ihn an Mutter, Vater, Schwester oder Bruder erinnert.

KÖNIG DER NÄCHSTENLIEBE
FRIEDENSVATER

DIESER GEFÜHLVOLLE KÖNIG ist das Oberhaupt der Familie und nimmt auch gesellschaftlich eine Schlüsselstellung ein. Er ist warmherzig, zuverlässig und offen für die Sorgen anderer. Seine Liebe tritt stets klar zu Tage.

Vielleicht sind Sie mit dem König der Nächstenliebe bereits verheiratet oder stehen kurz vor diesem Schritt. Eine solche Verbindung wird allen Widrigkeiten trotzen! Wenn Sie zusammenhalten, werden Ihre Leben zusammenwachsen. Die Prophezeiung sieht eine Auslandsreise bevorstehen ...

Sind Sie noch allein, wird Ihre Liebe mit Seligkeit beginnen und in Weisheit münden. Ostern ist der Zeitpunkt der Wende zum Glück. Ihre Verbindung mit diesem Mann hilft Ihnen Ihre Kräfte zu verdoppeln. Er unterstützt Sie in Ihrer Selbstverwirklichung.

ZAUBER: Er soll nur Augen für Sie haben (S. 59); Für starke Familienbande (S. 66); Den Auserwählten bezaubern (S. 69); Den Familienfrieden wiederherstellen (S. 87).

Königin der Nächstenliebe
Friedensmutter

Sie ist eine wundervolle »Hüterin der Familie« und voller Liebe. Großzügig verteilt sie Achtung und Wärme an all die Ihren. Zudem besitzt sie ein herzliches Naturell und ist absolut vertrauenswürdig. Sie verfügt über eine große Portion Humor, ist Späßen nicht abgeneigt und zudem eine Visionärin, die aus ihrer tiefen weiblichen Intuition schöpft.

Die Zeit scheint endlos, ist man vom geliebten Menschen getrennt. Sie beide fühlen dasselbe, wollen lieben und geliebt werden, weshalb Sie auch bald einen Heiratsantrag vom Mann Ihres Herzens bekommen werden. Im Januar oder Mai tun Sie sich endgültig zusammen und können auch gemeinsam etwas Größeres aufbauen. Sie selbst oder einer Ihrer Lieben wird bald Verlobung feiern, ein Kind empfangen oder ein neues Haustier bekommen ...

Zauber: Damit er um Ihre Hand anhalte (S. 58); Er soll nur noch Augen für Sie haben (S. 59); Eine glückliche Liebesbeziehung begründen (S. 64); Einen Verflossenen zurückgewinnen (S. 71); Den Schlussstrich ziehen (S. 80); Den Familienfrieden wiederherstellen (S. 87).

Ritter der Nächstenliebe
Brüderlichkeit

Dieser Mann mag Ihr Bruder sein oder ein treuer Freund, der aus einem starken Familienverband kommt. Er arbeitet hart und spricht viel über seinen Beruf. Ihr Wohlergehen liegt ihm am Herzen, und so ist er für gewöhnlich da, wenn Sie Hilfe brauchen. Sie kennen ihn schon lange und/oder werden ihn lange in Ihrer Nähe haben.

Dieser männliche Rohdiamant wünscht sich eine engere Beziehung zu Ihnen, doch wagt er nicht, seine Gefühle preiszugeben – aus Angst Ihre Freundschaft zu verlieren. Falls ein früherer Geliebter Sie betrogen hat, ist es jetzt an der Zeit, der Liebe eine neue Chance zu geben, Ihr gebrochenes Herz und die verletzten Gefühle heilen zu lassen. Sie werden diesen Mann nicht verlieren, denn er kehrt immer wieder zu Ihnen zurück. Auch seine Familie ist fasziniert von Ihnen, man überhäuft Sie mit Geschenken und Einladungen – so auch zur Silvesterparty ...

Zauber: Die Liebe herbeirufen (S. 60); Den Auserwählten bezaubern (S. 69); Einen Nichtswürdigen aus seinen Gedanken verbannen (S. 77); Auf dass Ihr Schwarm endlich zu Ihnen finde (S. 79). Ein gebrochenes Herz heilen und die wahre Liebe finden (S. 88).

Hofdame der Nächstenliebe
Schwesterlichkeit

Diese Dame steht entweder für Sie selbst, Ihre Schwester oder eine schwesterliche Freundin. Sie ist ein echter Familienmensch, dem seine zwei- und vierbeinigen Lieben sehr am Herzen liegen.

Sie sind bereit für eine Liebe auf Distanz. Ihr Auserwählter wird Sie sehr lieben – und nur Sie allein. Von ihm werden Sie lernen, dass Liebe das größte und natürlichste Gefühl der Welt ist. Ihnen gehört nicht nur sein Herz, sondern auch eine glückliche Zukunft. Seine Liebe ist tröstlich und warm. Doch nur Sie selbst können entscheiden, ob Sie sich an diesen Mann binden wollen – im Herbst werden Sie das klären müssen ...

Zauber: Die Liebe herbeirufen (S. 60); Für starke Familienbande (S. 66); Damit die Liebe bleibt (S. 70); Klatsch und Tratsch ein Ende setzen (S. 74); Einen Nichtswürdigen aus seinen Gedanken verbannen (S. 77); Eine Scheidung abwenden oder beschleunigen (S. 82).

Sonne der Nächstenliebe
Strahlende Liebe

Der Liebe heilige Flamme wird in Ihrem Herzen lodern. Die bereits untergehende Sonne wird plötzlich erneut im Zenit stehen, weil Sie oder Ihr Liebster eingesehen haben, dass Liebe unendlich kostbarer ist als alle materiellen Schätze der Welt. Dann könnte Ihrer beider Liebe Ewigkeit gewinnen. Inzwischen werden Sie Hand in Hand an einem sonnenüberfluteten Strand spazieren gehen. Juni und Juli versprechen besonderes Glück ...

Zauber: Den Liebsten in Bann ziehen (S. 62); Eine glückliche Liebesbeziehung begründen (S. 64); Auf dass Ihnen sein Herz zufliege (S. 83); Einen Ungetreuen zurückerobern (S. 86); Den Familienfrieden wiederherstellen (S. 87).

Mond der Nächstenliebe
Tief empfundene Liebe

Das Mondlicht wird die Zweifel Ihrer Seele enthüllen: Sollen Sie eine zerbrochene Beziehung zu kitten versuchen, oder – weil Sie Besseres verdient haben – auf einen liebenswerteren Mann warten? Sie kennen die Antwort, und der Rückhalt in Ihrer Familie wird Ihnen die Entscheidung erleichtern. Doch werden Sie in jedem Fall das starke emotionale Bedürfnis verspüren, die Situation wieder umzukehren, selbst wenn Sie sich für ein zeitweiliges Singledasein entschieden haben. Bei Neumond werden Sie dem neuen Mann Ihres Herzens begegnen ...

Zauber: Das Herz des Auserwählten zu gewinnen (S. 72); Falls der Geliebte zu wenig Zeit für Sie erübrigt (S. 75); Gefühle ins Gegenteil verkehren (S. 78); Auf dass Ihr Schwarm endlich zu Ihnen finde (S. 79); Ein gebrochenes Herz heilen und die wahre Liebe finden (S. 88).

Sterne der Nächstenliebe
Himmlische Liebe

Was man sich beim Anblick einer Sternschnuppe wünscht, geht bekanntlich in Erfüllung. In lauen Sommernächten wird es Sternschnuppen regnen, während Sie Ihren Liebsten küssen. Dies geschieht zum Zeichen, dass dieser Mann Ihr Märchenprinz ist. Er wird Sie an Orte mitnehmen, wie Sie sie niemals zuvor erblickt haben! Sie werden im Sternenlicht wandeln ...

Zauber: Sich einen Unwürdigen aus dem Herzen reißen (S. 68); Um etwas Vermisstes zurückzubekommen (S. 73); Auf dass Ihr Schwarm endlich zu Ihnen finde (S. 79); Den Schlussstrich ziehen (S. 80).

Rosen

Die Serie der Unerwiderten Liebe

Diese Karten repräsentieren die einseitige Zuneigung: Vielleicht kann Ihr Auserwählter Ihre Liebe nicht erwidern – oder umgekehrt. Zudem steht die Serie für das Leben in einer Scheinwelt, falls Sie nicht akzeptieren können, dass der Mann Ihrer Träume sich nicht zu Ihnen hingezogen fühlt. Dies kann kurz nach der ersten Begegnung der Fall sein oder wenn eine bestehende Beziehung zur Routine erstarrt ist.

König der Unerwiderten Liebe
Liebeskummer

Ideales Lebensziel dieses Edelmannes ist es, die wahre, erwiderte Liebe zu finden. Obschon ein Herr, so hatte er doch schon viele Amouren, die meisten jedoch ohne Tiefgang.

Er führt keine Klage über die Schrammen in seiner Rüstung und die Wunden seines Herzens, allesamt das Werk von Cupidos Pfeilen. Als Kavalier wird er eine Fackel brennender Leidenschaft für die Liebe seines Lebens entzünden – und das könnten Sie sein. In seinen Augen kommt Ihnen keine gleich, und er mag irrigerweise glauben, Sie erwiderten seine Gefühle. Doch ist sein Mühen stets zwecklos, und die Liebe flieht ihn. Er kann sich keiner anderen Frau zuwenden, und Sie sich nicht ihm.

Mit zärtlichen Küssen und tiefer Liebessehnsucht legt Ihnen jemand sein Herz zu Füßen, doch trotz all der versprochenen Herrlichkeiten können Sie seine Gefühle nicht erwidern. Im Mai oder Juni jedoch wird womöglich ein ganz anderer kommen, der Ihr Herz und Ihre Seele mit einem Kuss erobert ...

Zauber: Die Liebe herbeirufen (S. 60); Sich einen Unwürdigen aus dem Herzen reißen (S. 68); Eine Beziehung lösen (S. 79); Ein gebrochenes Herz heilen (S. 88).

Königin der unerwiderten Liebe
Schneekönigin

Dieses herzlose Geschöpf empfindet weder Zuneigung noch Güte oder andere freundliche Gefühle, obwohl es ihr immer wieder gelingt, andere zu täuschen, indem sie sich mit einer Aura von Wohlwollen umgibt, das jedoch rein oberflächlich bleibt. Sie ist völlig unfähig, etwas zu bereuen oder gar um Verzeihung zu bitten. Vielleicht sind Sie selbst die Schneekönigin, oder es ist eine eiskalte Frau, die Sie kennen.

Lust ist die leichtlebige Schwester der Liebe. Sie können einem liebenden Mann das Herz brechen, wenn Sie eine erotische Beziehung mit ihm aufnehmen, ohne wirklich etwas für ihn zu empfinden. Ein unehrliches Spiel lässt sein Herz zu Stein werden. Ein Mann, mit dem Sie nur zu spielen glaubten, könnte Ihr Schicksal werden ...

Zauber: Damit er um Ihre Hand anhalte (S. 58); Sich einen Unwürdigen aus dem Herzen reißen (S. 68); Falls der Geliebte zu wenig Zeit für Sie erübrigt (S. 75); Gefühle ins Gegenteil verkehren (S. 78); Auf dass Ihr Schwarm endlich zu Ihnen finde (S. 79); Den Familienfrieden wiederherstellen (S. 87).

Ritter der Unerwiderten Liebe
Herzensbrecher

Dieser Mann liebt nur einen einzigen Menschen: sich selbst. Er schaut ohne zu sehen, berührt ohne zu fühlen, lauscht ohne zu hören, liebt ohne zu empfinden und redet ohne etwas zu sagen. Dieser Mann wählt instinktiv schwache und verletzbare Frauen, die er lediglich zu seiner sexuellen Befriedigung braucht und so zu seinen Opfern macht. Auch wenn er den charmanten Leichtfuß spielt – er ist und bleibt ein Ungeheuer!

Selbstherrlich wie er ist, hat er vielleicht bereits eine Beziehung oder einen Lebensstil, den er nicht aufgeben will. Seine Gefährtin, sofern es sie gibt, spürt sehr wohl, dass ihre Liebe unerwidert bleibt, während es ihm Vergnügen bereitet, sie von ihm abhängig zu wissen.

Diesem Kerl sollten Sie unbedingt die kalte Schulter zeigen, er könnte Ihnen nicht wieder gut zu machende Verletzungen beibringen. Wenn Sie ihm erst einmal die Maske vom Gesicht gerissen haben, wird es Ihnen unbegreiflich sein, wie Sie jemals auf ihn haben hereinfallen können ...

Zauber: Sich einen Unwürdigen aus dem Herzen reißen (S. 68); Klatsch und Tratsch ein Ende setzen (S. 74); Auf dass Ihr Schwarm endlich zu Ihnen finde (S. 79); Den Familienfrieden wiederherstellen (S. 87).

Hofdame der Unerwiderten Liebe
Kaltherzigkeit

Die Hofdame der Unerwiderten Liebe können Sie selbst sein oder eine Ihrer Bekannten. Ausschließlich an sich selbst interessiert, beansprucht sie von anderen stets die volle Aufmerksamkeit für sich sowie die Befriedigung Ihrer Wünsche und Launen. Gelegentlich mag sie Interesse an einem anderen Menschen vortäuschen, doch stecken dahinter immer eigennützige Motive. Sie ist eiskalt und wahrscheinlich mit einem Mann verheiratet, für den sie nichts empfindet.

Sie werden einem Mann begegnen, der Ihnen große Verantwortung aufbürdet. Der Herbst ist geprägt von Melancholie, vielleicht werden Sie eine Beziehung lösen. Doch mit dem Winter und Frühjahr kehren wieder glücklichere Zeiten für Sie ein ...

Zauber: Eine glückliche Liebesbeziehung begründen (S. 64); Um die Liebe zu mehren (S. 76); Eine Scheidung abwenden oder beschleunigen (S. 82); Den Familienfrieden wiederherstellen (S. 87).

SONNE DER UNERWIDERTEN LIEBE
HINGABE

DIE STRAHLEN DER LIEBE werden Ihr Leben hell erleuchten, wenn Ihnen im Frühjahr Ihr Märchenprinz begegnet oder eine alte Liebe neu entflammt. In der Zwischenzeit müssen Sie allerdings heftig darum ringen, einen verflossenen Geliebten auch wirklich zu vergessen. Eine neue Liebe sollte Ihnen dies erleichtern. Diesen Liebsten werden Sie nicht wieder verlieren! Im Gegensatz zum vorigen Herzeleid wird ihr Glück noch strahlender ...

ZAUBER: Einen Nichtswürdigen aus seinen Gedanken verbannen (S. 77); Eine Beziehung lösen (S. 79); Zwei Liebende versöhnen (S. 84); Ein gebrochenes Herz heilen (S. 88).

MOND DER UNERWIDERTEN LIEBE
HOFFNUNG

NACH EINER ZEIT GROSSER EMOTIONALER ZERRISSENHEIT sind Sie nun endlich zur Ruhe gekommen. Ihre Seele jedoch befindet sich auf einer Abenteuerreise ins Land der Spiritualität, und an Ihnen wird sich ein wunderbares Mysterium vollziehen.

Der Erntemond, der Vollmond im August, wird die Wende in Ihrer Herzensangelegenheit bringen …

Zauber: Für ewige Liebe (S. 61); Einen Nichtswürdigen aus seinen Gedanken verbannen (S. 77); Gefühle ins Gegenteil verkehren (S. 78); Den Schlussstrich ziehen (S. 80).

Sterne der unerwiderten Liebe
Herzeleid

Die Zeichen sind so deutlich zu erkennen wie die Sterne in einer frostig-klaren Winternacht. Das Herz Ihres Auserwählten ist genau so weit von Ihnen entfernt wie die Gestirne am Firmament. Sterne sind Kinder des Feuers, doch in Ihrem Traummann brennt kein Liebesfeuer. Die meiste Zeit macht er sich rar und ist genauso unsichtbar wie die Gestirne bei Tage. Seine Gedanken kreisen nicht um Sie, und nichts, was er tut oder sagt, kommt von Herzen.

Zauber: Den Liebsten in Bann ziehen (S. 62); Sich einen Unwürdigen aus dem Herzen reißen (S. 68); Auf dass Ihr Schwarm endlich zu Ihnen finde (S. 79); Auf dass Ihnen sein Herz zufliege (S. 83).

SCHWERTER

DIE SERIE DER VERBOTENEN LIEBE

VERBOTENE LIEBE IST GRAUSAM, insbesondere wenn sie der Realität in die Quere kommt. Es ist ein verhängnisvolles Gefühl, denn es müssen allenthalben Hindernisse überwunden und sogar Herzen gebrochen werden. Die Momente des Glücks sind sehr flüchtig, Zeiten der Verzweiflung bei weitem häufiger.

König der Verbotenen Liebe
Casanova

Hüten Sie sich vor einem Mann, der Ihnen ein unnatürlich hohes Maß an Aufmerksamkeit zukommen lässt! Sie wären schlecht beraten, sich mit jemandem einzulassen, der Ihre Zuneigung nicht verdient. Der König der Verbotenen Liebe ist wahrscheinlich unreflektiert von einer gescheiterten Beziehung in die nächste getaumelt, und er wird von dieser lieben Gewohnheit bestimmt nicht lassen, denn er ist ein unverbesserlicher Weiberheld. Sollten Sie dennoch zärtliche Gefühle für ihn hegen, wird Ihre Romanze mit ihm sicher nicht von langer Dauer sein. Möglicherweise ist er ein Arbeitskollege oder jemand aus Ihrem sozialen Umfeld, vielleicht ein Freund der Familie. Denken Sie daran: Liebe ist Ihr Leben, und dieser Mann wird niemals für eine einzige Frau allein da sein!

Kurz ist das Glück, aber lange währt der Schmerz: Dem Gipfel der Leidenschaft folgt der Absturz in tiefste Verzweiflung. Ein Mann täuscht Sie bewusst, und Sie werden auf seine Lügen hereinfallen. Halten Sie sich lieber an Ihre weibliche Intuition ...

Zauber: Einen Nichtswürdigen aus seinen Gedanken verbannen (S. 77); Gefühle ins Gegenteil verkehren (S. 78); Eine Beziehung lösen (S. 79); Auf dass Ihr Schwarm endlich zu Ihnen finde (S. 79); Den Schlussstrich ziehen (S. 80).

Königin der Verbotenen Liebe
Geheime Leidenschaft

Die Königin der Verbotenen Liebe sind entweder Sie selbst oder eine Ihrer Bekannten. Der Himmel hat Sie mit Schönheit reich beschenkt, doch zugleich mit einer fatalen Anziehungskraft geschlagen. So haben Sie – ohne es zu wollen – schon zahlreiche Herzen gebrochen. Unglücklich verheiratet oder liiert, sind Sie vielleicht zwischen einer verbotenen Liebe und einem längst ungeliebten Mann hin und her gerissen. Dieses emotionale Auf und Ab, glücklich und traurig, hier die Liebe, dort die Pflicht, kann ein bis zwei Jahre andauern.

Sind Sie tatsächlich selbst die Königin der Verbotenen Liebe, lasten die Momente der Seligkeit schwer auf Ihrem eigenen und dem Gewissen des Mannes, der Sie wahrhaft liebt. Ihre Beziehung muss geheim bleiben und darf nur hinter verschlossenen Türen gelebt werden. In bestimmter Gesellschaft wird die Liebe unsichtbar sein, weil Sie sie tief in Ihrem Herzen verschließen ...

Zauber: Für ewige Liebe (S. 61); Für starke Familienbande (S. 66); Tratsch ein Ende setzen (S. 74); Eine Scheidung abwenden oder beschleunigen (S. 82); Einen Ungetreuen zurückerobern (S. 86).

RITTER DER VERBOTENEN LIEBE
VERFÜHRER

SIE LAUFEN GEFAHR, Ihr Herz an den Ritter der Verbotenen Liebe zu verlieren, doch niemals wird er es Ihnen gleichtun! Dieser Mann bahnt sich mit Süßholzraspeln einen Weg in Ihre Gefühle, und das Einzige, was für Sie dabei herausschaut, ist eine Nacht verbotener Liebe! Anders als die echten Ritter vergangener Zeiten hat er nichts wirklich Nobles an sich, doch wird sein Schwert gleich Amors Pfeil Ihr Herz durchbohren.

Vielleicht ist er bereits verheiratet, oder aber er scheut jegliche Verantwortung. Sein einzig wahrer Kreuzzug findet auf den Spuren der Leidenschhaft statt, und dazu sind ihm jede Kriegslist und jeder Buchstabe aus dem Alphabet der Verführung recht. Seine eigenen Gefühle sind so gut gepanzert wie ein Ritter in seiner Rüstung. Schützen Sie sich selbst vor ihm, indem Sie ihn als das sehen, was er ist! Zwischen Ende November und Anfang Dezember könnte ein Rendezvous entdeckt werden ...

ZAUBER: Den Liebsten in Bann ziehen (S. 62); Sich einen Unwürdigen aus dem Herzen reißen (S. 68); Einen Verflossenen zurückgewinnen (S. 71); Gefühle ins Gegenteil verkehren (S. 78).

HOFDAME DER VERBOTENEN LIEBE
VERSUCHERIN

MÖGLICHERWEISE IST ES JEMAND aus Ihrer Umgebung, eventuell sind Sie gar selbst diese Femme fatale, ein vergnügungssüchtiges, männermordendes Ungeheuer! Sie ist imstande, Ihren Partner oder Ehegatten zu verführen, der ihr nicht zu widerstehen vermag. Vielleicht entdecken Sie die Untreue Ihres Geliebten, weil er vergaß, Ihr Bild oder ein Geschenk von Ihnen auf den Nachttisch zurückzustellen, nachdem er sich mit einer anderen amüsiert hat. Oder Sie finden etwas von ihr bei ihm ...

Sind Sie diese Frau, wird Ihre Liebe umso begehrter, je spröder Sie sich geben. Dennoch wird es Ihnen nicht gelingen, Ihre eigenen Gelüste gänzlich in Zaum zu halten. Anrufe, Briefe und Geschenke oder Spitzeleien könnten Ihr Geheimnis ans Licht bringen.

Später mag Eifersucht Sie verzehren, und Sie möchten Ihren Partner verlassen, um mit dem Mann, der den Schlüssel zu Ihrem Herzen besitzt, ein Heim zu gründen. Blicken Sie tief in Ihre Seele und vermeiden Sie vorschnelle Entscheidungen.

ZAUBER: Die Liebe herbeirufen (S. 60); Klatsch und Tratsch ein Ende setzen (S. 74); Eine Beziehung lösen (S. 79); Zwei Liebende versöhnen (S. 84); Einen Ungetreuen zurückerobern (S. 86); Ein gebrochenes Herz heilen (S. 88).

Sonne der verbotenen Liebe
Ekstase

Ihre Liebe und Leidenschaft werden auf den Höhepunkt gelangen, dabei aber von Schmerz getrübt sein. Nach außen hin müssen Sie den Eindruck von Treue wahren. Aus Vernunftgründen werden Sie sich gegen diese Liebe wenden, um letztlich doch zu ihr zurückzukehren, denn Ihr Herz ist stärker als Ihr Verstand. Bald schon werden Sie sich mit einer schwerwiegenden Entscheidung konfrontiert sehen. Doch weiß man bei einer alten Liebe, woran man ist, während sich die neue als Strohfeuer herausstellen könnte ...

Zauber: Eine glückliche Liebesbeziehung begründen (S. 64); Klatsch und Tratsch ein Ende setzen (S. 74); Auf dass Ihnen sein Herz zufliege (S. 83); Einen Ungetreuen zurückerobern (S. 86); Ein gebrochenes Herz heilen (S. 88).

Mond der verbotenen Liebe
Schmerzenstränen

Sie wissen genau, dass Sie diesen Menschen, dessen Unzulänglichkeiten offen zu Tage liegen, besser nicht lieben sollten. Und doch ist Ihre Zuneigung unverbrüchlich und wächst mit dem zunehmenden Mond sogar noch. Bei Vollmond werden die Gefühlswellen im Meer der Liebe besonders hoch schlagen. Sie können nicht gegen die Gezeiten anschwimmen, denn die magnetische Anziehungskraft ist stärker, aber meiden Sie wenigstens gefährliche Strömungen ...

Zauber: Einen Nichtswürdigen aus seinen Gedanken verbannen (S. 77); Eine Beziehung lösen (S. 79); Den Schlussstrich ziehen (S. 80); Zwei Liebende versöhnen (S. 84).

Sterne der Verbotenen Liebe
Sinnenlust

Am Ende könnte Ihr heimlicher Liebhaber Ihnen sehr wohl das Herz brechen, und Sie dürfen sich noch nicht einmal bei jemandem ausweinen, weil Sie Ihre Liaison geheim halten müssen. Unter dem Sternenzelt sind Sie jedoch mit Ihrem Liebsten vereint. Sie werden voll leidenschaftlicher Ungeduld auf ein Treffen warten, das Ihre Sehnsüchte stillt. Dies wird bei ihm oder bei Ihnen stattfinden ...

Zauber: Für ewige Liebe (S. 61); Eine glückliche Liebesbeziehung begründen (S. 64); Damit die Liebe bleibt (S. 70); Zwei Liebende versöhnen (S. 84); Den Familienfrieden wiederherstellen (S. 87).

Cupido
Leidenschaftliche Romanze

Der Amorknabe bringt Liebe in Ihr Leben, indem er leichtfertig Pfeile auf das Herz eines anderen Menschen abschießt. Seine Liebe ist zufällig, spontan und spielerisch. Sind Sie gerade frisch verliebt, wird dieses Gefühl wachsen wie Kletterrosen am Spalier. Liebe liegt in der Luft ...

Hat Ihr Auserwählter sich noch nicht gemeldet, so wird er dies bald tun. Gleich Cupido tändelt er mit ihnen, um Ihren Stolz zu besiegen. Hatten Sie Streit, wird er wieder auf Sie zukommen.

Die Cupido-Karte besitzt positiven Einfluss auf die beiden sie flankierenden Karten in einem Legesystem: Sie verstärkt günstige Aspekte und schwächt negative ab. Betrachten Sie vor allem die Karte, auf die des Liebesknaben Pfeilspitzen weisen: Ist es ein König, eine Königin, ein Ritter oder eine Hofdame, wird die durch sie repräsentierte Person bald in Ihr Leben treten. Handelt es sich um eine Sonne-, Mond- oder Sternenkarte, hält das entsprechende Gefühl in Ihrem Herzen Einzug.

Zauber: Cupidos eigene und alle anderen.

VENUS
EWIGE LIEBE

DIE VENUS-KARTE BESITZT GENUG KRAFT, um die Liebe in eine höhere Sphäre zu heben. Was Sie von der Liebe erwarten, wird von Venus dirigiert. Auch vermehrt die Göttin Ihre Chancen, das Herz Ihres Traummannes zu gewinnen. Sie werden mit einem Ihnen bereits bekannten Mann, oder mit einem, dem Sie bald begegnen, beide Seiten der Liebe kosten: die spirituelle und die sinnlich-erotische. Der Glanz der Liebe in Ihrem Leben wird so groß sein, dass Sie selbst vor Liebe strahlen. Ihr verändertes Aussehen und Ihr Glück werden auch Ihrer Umgebung auffallen.

Venus repräsentiert das höchste weibliche Schönheitsideal. Es gibt einen, der gar nicht anders kann, als sich unsterblich in Sie zu verlieben ...

Die Venus-Karte verstärkt die guten Aspekte der unmittelbar benachbarten Karten und mindert den Einfluss negativer, die an diesen Positionen liegen.

ZAUBER: Venus' eigene und alle anderen.

Prophezeiungen mit den magischen Karten

Zum Auftakt

Sollten Sie in Liebesdingen momentan ein wenig verunsichert sein, könnte es schwierig werden, die eigenen Karten objektiv zu deuten – schließlich ist der Wunsch nur allzu häufig Vater des Gedankens oder – wie in unserem Falle – der Auslegung. Dasselbe gilt übrigens auch, wenn Sie die Karten für jemanden legen, der Ihnen sehr nahe steht.

Sie werden die Antworten weitaus klarer erkennen, wenn Sie zunächst einen gewissen Abstand gewinnen. Eine Möglichkeit besteht darin, die eigene Aura zu reinigen. (Die Aura ist jene Energie, die aus Ihrem Inneren kommt und Ihren Körper als persönliches Kraftfeld umgibt.)

Das geht am besten, indem man sich die Farben des Regenbogens vor sein inneres Auge holt. Legen Sie sich hin, stellen Sie sich an ein offenes Fenster oder machen Sie einen Spaziergang. Atmen Sie tief ein und vergegenwärtigen Sie sich, wie die Farbe Rot von Ihren Fußsohlen über die Hinterseite Ihrer Beine und Ihren Rücken bis zu Ihrem Scheitel nach oben wandert und dann auf der Körpervorderseite wieder abwärts gleitet. Atmen Sie aus und lassen dabei sämtliche schädliche Energie aus Ihrem Körper entweichen.

Atmen Sie nun positive Energie ein und verwenden dazu die Farbe Orange. Lassen Sie das Orange außerhalb des Rots von Ihren Fußsohlen her bis zum Scheitel aufsteigen. Während das Orange an Ihrer Vorderseite wieder hinabläuft, atmen Sie negative Energien aus. Wiederholen Sie die Übung mit den Farben Gelb, Grün, Himmelblau, Dunkelblau und Violett, bis alle sieben Farben des Regenbogens Sie umfangen.

Um sich mit der Magie der Karten vertraut zu machen, deutet man am besten zunächst einzelne Liebeskarten. Mischen Sie das Spiel und heben Sie mit geschlossenen Augen ab oder legen Sie die Karten nach dem Mischen fächerförmig aus. Ziehen Sie eine Karte und schlagen Sie deren Bedeutung im ersten Kapitel nach.

König, Königin, Ritter und Hofdame stehen jeweils für eine Person, die Sie bereits kennen oder demnächst kennen lernen und die Sie in ihren Bann ziehen oder Ihr Liebesleben beeinflussen wird. Sie können auch einen Menschen repräsentieren, in den Sie sich verliebt haben und nach dem Sie sich sehnen. Darüber hinaus kann die Karte bedeuten, dass die betreffende Person an Sie denkt; seien Sie also nicht überrascht, wenn Sie bald von ihr hören, denn mit dem zufälligen Ziehen der Karte haben Sie einen Kontakt hergestellt. Die Sonne-, Mond- und Sterne-Karten weisen auf momentane oder zukünftige Stimmungen hin. Das Ziehen der Cupido- oder der Venus-Karte verheißt besonderes Glück: Sie werden sehr bald jemandem begegnen, der Ihr Herz im Sturm erobert.

LEGESYSTEME

WERDEN MEIN PARTNER UND ICH WIEDER ZUSAMMENFINDEN?

SIE UND IHR LIEBSTER hatten Streit. Um herauszufinden, ob Sie sich wieder versöhnen werden, wählen Sie eine Karte (König, Königin, Ritter oder Hofdame), die Ihrem Partner am ehesten entspricht.

Legen Sie die ausgewählte Karte offen hin. Mischen Sie die anderen Karten verdeckt und heben Sie vier Stöße ab. Drehen Sie den ersten Stoß um und legen Sie die oberste Karte links unterhalb der ersten Karte offen auf den Tisch (Position eins der Abb.).

Drehen Sie den zweiten Stoß um und legen Sie die oberste Karte auf die zweite Position.

Drehen Sie den dritten Stoß um und legen Sie die oberste Karte auf die dritte Position.

Drehen Sie den vierten Stoß um und legen Sie die oberste Karte auf die vierte Position.

Gehört eine oder mehrere der ausgelegten Karten zu derselben Serie wie die anfangs gewählte (König, Königin, Ritter, Hofdame), wird Ihr Liebster zu Ihnen zurückkehren.

Gehören vier Karten einer Serie an, die in Opposition zu der repräsentierten Person steht, haben Sie beide keine gemeinsame

Zukunft. Sind die Karten eine Mischung entgegengesetzter Serien, wird Ihr Liebster nach einer Weile zu Ihnen zurückkehren, aber es ist dennoch der Anfang vom Ende Ihrer Romanze.

Serien in Opposition:

Rosen (Unerwiderte Liebe) versus Amoretten (Wahre Liebe)
Schwerter (Verbotene Liebe) versus Tauben (Nächstenliebe)

Die Deutung aller vier Karten wird Ihnen offenbaren, welchen Einflüssen Ihr Partner derzeit ausgesetzt ist. Ist eine Cupido- oder Venus-Karte darunter, stärkt dies Ihre Position beträchtlich.

Wird Er mich ebenso lieben wie ich Ihn?

Mischen Sie den verdeckten Kartenstapel. Drehen Sie die oberste Karte um und legen Sie sie offen auf den Tisch. Diese Karte bildet den Anfang einer Reihe. Drehen Sie die zweite Karte um und beginnen Sie mit ihr eine zweite Reihe. Verfahren Sie mit der dritten und vierten Karte ebenso. Vor Ihnen liegt eine Säule aus vier Karten.

Heben Sie die oberste Karte des noch immer verdeckten Stapels ab und legen Sie sie rechts von der ersten Karte auf den Tisch. Platzieren Sie die zweite Karte rechts von der zweiten Karten und so fort, bis vier Reihen zu je sieben Karten vor Ihnen liegen (siehe rechts). Die letzten beiden Karten unter die vier Reihen legen.

Erscheint der König der Amoretten vor dem Ritter der Verbotenen Liebe, wird Ihr Wunsch in Erfüllung gehen. Der Mensch, den Sie lieben, empfindet eine ebensolche oder gar größere Zuneigung für Sie wie Sie für ihn.

Erscheinen Cupido oder Venus oder gar beide in derselben Reihe wie der König der Amoretten, wird er Ihnen seine Liebe früher gestehen, als Sie denken.

Die letzten beiden Karten charakterisieren die Einflüsse auf Ihr Liebesleben.

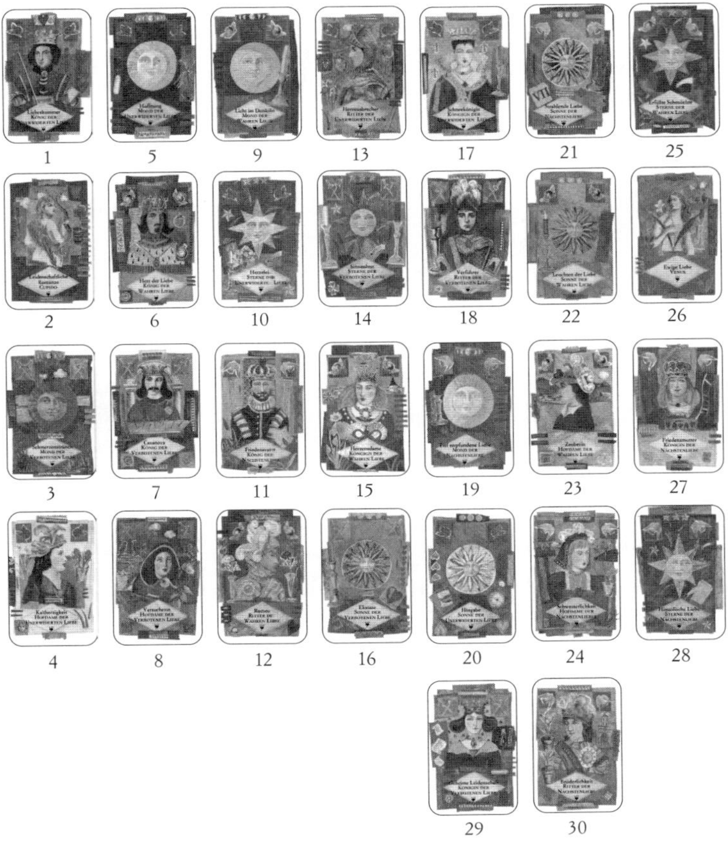
1
5
9
13
17
21
25
2
6
10
14
18
22
26
3
7
11
15
19
23
27
4
8
12
16
20
24
28
29
30

IST DIE LIEBE VON DAUER?

WENN SIE WISSEN WOLLEN, ob Ihre Beziehung die nächsten zwölf Monate übersteht, können Sie mit Hilfe der »Uhr« einen Blick in die Zukunft wagen. Sofern Sie derzeit keinen Liebsten haben, wird Ihnen die Uhr auch verraten, in wen Sie sich als nächstes verlieben.

Wählen Sie eine Karte, die den Mann repräsentiert, in den Sie verliebt sind. Gibt es niemand Speziellen, nehmen Sie den König der Wahren Liebe.

Mischen Sie verdeckt alle magischen Karten. Heben Sie die oberste Karte ab und legen sie offen auf die 1-Uhr-Position eines imaginären Zifferblatts. Legen Sie die nächste Karte offen auf die 2-Uhr-Position und so fort, bis zwölf Karten einen Kreis bilden.

Mischen Sie verdeckt die restlichen Karten. Platzieren Sie die oberste Karte offen oberhalb der 1-Uhr-Karte (siehe Abb. rechts). Heben Sie die nächste Karte ab und legen Sie sie über die letzte 2-Uhr-Karte. Die Uhr ist fertig, wenn 24 Karten offen auf dem Tisch liegen. Die übrigen sechs Karten beiseite legen.

Liegt Cupido oder Venus an derselben Uhrzeitposition wie die Karte, die Ihren Liebsten repräsentiert, werden Sie beide auch in einem Jahr noch zusammen sein. Im Laufe der Zeit wird Ihre Liebe sogar wachsen. Auch wenn Cupido oder Venus eine Stunde vor oder hinter der Karte Ihrer Wahl liegt, weist dies auf eine gemeinsame Zukunft.

Als weiteres vielversprechendes Zeichen kann gelten, wenn eine Karte derselben Farbserie wie Ihr Liebster im äußeren Kreis die

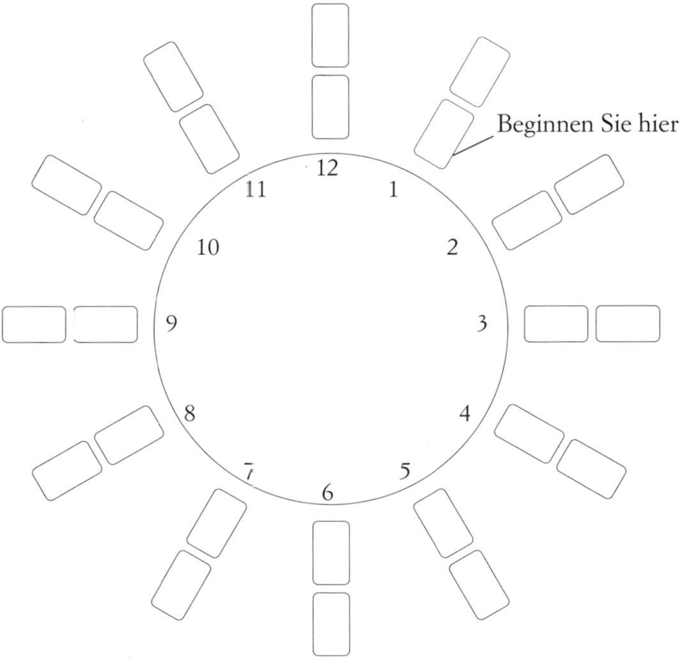

gleiche Uhrzeitposition einnimmt. Dies heißt nämlich, dass Sie beide mindestens die nächsten zwölf Monate zusammenbleiben werden.

Taucht die Karte, die Ihren Liebsten symbolisiert, nicht in der Uhr auf, sondern befindet sich unter den übrigen sechs Karten, wird er innerhalb des nächsten Jahres aus Ihrem Leben verschwinden.

Wollten Sie wissen, wer der nächste Mann in Ihrem Leben sein wird, finden Sie die Antwort in der Karte, die dieselbe Uhrzeitposition mit dem König der Wahren Liebe teilt. Taucht dieser nicht in der Uhr auf, werden Sie eine Weile ohne Liebe bleiben. Hat die Karte dasselbe Geschlecht wie die von Ihnen gewählte, steht sie für einen Freund oder eine Freundin, mit dem Sie viel Zeit verbringen, weil Sie noch etwas auf die Liebe warten müssen. Handelt es sich um eine Sonne-, Mond- oder Sterne-Karte, repräsentiert sie das Gefühl, das den entsprechenden Monat auf der Uhr beherrschen wird. 1 Uhr entspricht Januar, 2 Uhr Februar usw.

Befindet sich Cupido oder Venus an derselben Stundenposition, dürfen Sie sich darauf freuen, innerhalb der nächsten zwölf Monate die ganz große Liebe zu erleben. Die Korrelation zwischen Uhrzeiten und Monaten (siehe oben) sagt Ihnen, wann Sie dem Betreffenden begegnen werden.

WIRD ER SICH BEI MIR MELDEN?

MÖGLICHERWEISE HATTEN SIE STREIT mit Ihrem Partner, und Ihr Stolz verbietet Ihnen, den ersten Schritt zur Versöhnung zu unternehmen.

Um herauszufinden, ob er sich von alleine bei Ihnen melden wird, mischen Sie die Karten und nehmen drei Karten heraus. Gehören zwei davon oder alle drei zur Serie der Wahren Liebe oder Nächstenliebe oder sind sogar Cupido oder Venus darunter, dürfen Sie auf ein baldiges Zeichen von ihm hoffen.

Sind zwei oder drei Karten aus der Serie der Verbotenen Liebe oder der Unerwiderten Liebe, müssen Sie Ihren Stolz hinunterschlucken und auf ihn zugehen. Erscheint allerdings Cupido oder Venus unter den Rosen oder Schwertern, könnte es sein, dass Ihr Liebster sich binnen der nächsten zwei Wochen bei Ihnen meldet.

Hoffnung auf einen neuen Geliebten

Nehmen Sie alle vier Sterne-Karten aus dem Spiel und legen Sie sie offen untereinander zu einer Säule. Mischen Sie verdeckt die restlichen Karten und wünschen Sie sich dabei einen Geliebten. Wählen Sie zwei »Überraschungskarten« aus und legen Sie diese rechts unterhalb der Sterne-Karten verdeckt auf den Tisch.

Mischen Sie die übrigen Karten neu. Heben Sie die ersten sechs Karten von dem verdeckten Stapel ab und legen Sie sie offen der Reihe nach von links nach rechts neben die oberste Sterne-Karte.

Heben Sie die nächsten sechs Karten ab und wiederholen Sie das Ganze, bis neben jedem Stern sechs Karten liegen (siehe Abb. rechts).

Ein König oder Ritter derselben Farbserie wie die Sterne-Karte am Anfang der Reihe steht für einen Mann, mit dem Sie eine Beziehung beginnen werden. Die Deutung der Karten der entsprechenden Reihe verrät Ihnen, wie sich Ihre Liebe entwickeln wird. Erscheinen mehr als ein König, Königin, Ritter oder Hofdame derselben Serie in der Reihe der entsprechenden Sterne-Karte, werden Sie mehreren potenziellen Liebhabern begegnen. Weibliche Karten könnten Rivalinnen repräsentieren.

1 7 8 9 10 11 12
2 13 14 15 16 17 18
3 19 20 21 22 23 24
4 25 26 27 28 29 30
5 6
ÜBERRASCHUNGSKARTEN

Drehen Sie die »Überraschungskarten« um. Sie sagen Ihnen, was sich aus dem Ganzen ergeben wird und welche Überraschungen Ihrer möglicherweise harren. Ist Cupido oder Venus darunter, könnte die nächste Romanze Ihr ganzes Leben verändern. Cupido oder Venus in einer Reihe mit Ihrem zukünftigen Partner weist darauf hin, dass Ihre Liebe unter einem guten Stern steht.

Ist unsere Beziehung vorüber?

Wollen Sie wissen, ob Ihre Beziehung endgültig vorbei ist, mischen Sie die verdeckten Karten und wählen dann drei aus. Gehören alle drei zur Serie der Unerwiderten Liebe, lautet die Antwort ja.

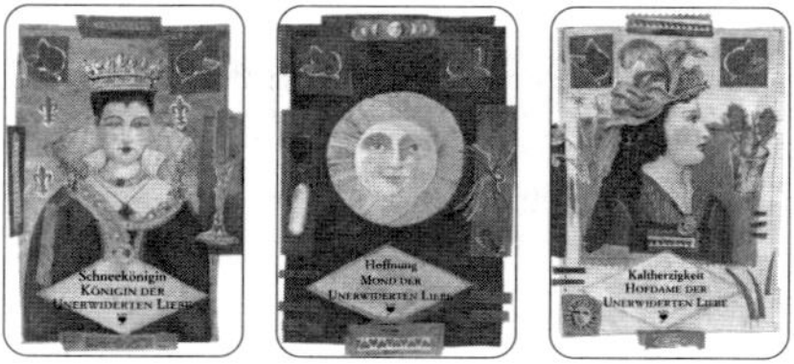

WERDEN MEINE HOFFNUNGEN UND WÜNSCHE IN ERFÜLLUNG GEHEN?

DAS GLÜCK BRINGENDE »HUFEISEN« verrät Ihnen, ob Sie auf eine Erfüllung Ihrer Sehnsüchte hoffen dürfen. Wählen Sie eine Hofkarte (König, Königin, Ritter oder Hofdame), die den Mann Ihrer Träume repräsentieren soll, und legen Sie diese links oben vor sich auf den Tisch.

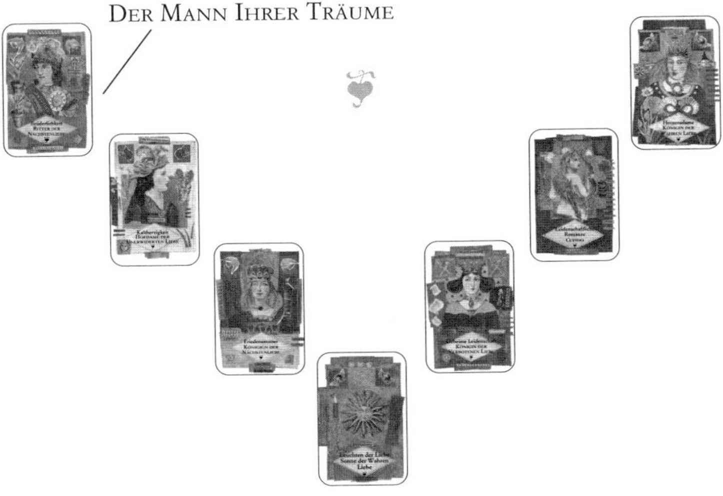

Mischen Sie verdeckt das restliche Kartenspiel und ziehen Sie sechs Karten. Legen Sie diese folgendenermaßen aus: die zuerst gezogene schräg unterhalb die Karte, die für Ihren zukünftigen Liebsten steht, und alle weiteren entsprechend dem Schema auf Seite 53, bis das Hufeisen fertig ist.

Gehört eine Karte im Hufeisen zur selben Farbserie wie die, die Ihren Liebsten symbolisiert, wird sich eine Beziehung entwickeln. Eine Königin oder Hofdame könnte eine Rivalin verkörpern.

Tauchen Cupido oder Venus im Hufeisen auf, erhöht dies Ihre Chancen, die große Liebe zu finden, beträchtlich. So wahr ein Hufeisen Glück bringt, werden Sie das Herz des geliebten Menschen für sich gewinnen.

Wird sich mein Liebeswunsch erfüllen?

Mischen Sie verdeckt das gesamte Kartenspiel und vergegenwärtigen Sie sich dabei Ihren Wunsch. Heben Sie mit der linken Hand dreimal ab und stapeln Sie die Karten wieder. Zählen Sie die sieben obersten Karten ab und legen Sie sie offen in einer Reihe von links nach rechts aus, bis entweder Cupido oder Venus dabei ist.

1

2

3

4

5

6

7

8

9

10

11

12

13

14

15

16

Zeigt sich Venus vor Cupido, spricht alles dafür, dass Ihr Wunsch in Erfüllung geht. Erscheint Cupido vor Venus, ist dies ebenfalls ein günstiges Zeichen.

Legen Sie die Karten weiter in Siebenerreihen aus, bis sowohl Venus als auch Cupido erschienen sind. Sobald dies der Fall ist, können Sie den Rest des Kartendecks beiseite legen.

Schauen Sie sich die offen ausgelegten Kartenreihen an. Ist der König der Unerwiderten Liebe darunter, wird sich Ihr Wunsch nicht erfüllen.

Liebeszauber

Die Liebe steht im Zeichen der Venus. Deshalb lassen sich die Kräfte Ihrer Zauber vervielfachen, wenn Sie sie zu den täglichen Venusstunden oder gar am Freitag, dem Tag der Venus, zelebrieren. Sieben Planeten beherrschen bestimmte Stunden des Tages und jeweils einen Wochentag. Und jedem dieser Planeten sind bestimmte Wesenszüge zueigen.

Kennen Sie das Sternzeichen des Menschen, auf den sich Ihr Zauber richten soll, können Sie diesem zusätzliche Macht verleihen, wenn Sie ihn an dem entsprechenden Wochentag einsetzen.

Sonntag
Untersteht der Sonne. Verbunden mit Männlichkeit, Willensstärke und Dynamik.
Tierkreiszeichen: Löwe
Venus-Stunden nach Sonnenaufgang: 2., 9., 16.

Montag
Regiert von der Mondgöttin Selene. Assoziiert mit Phantasie und Magie.
Tierkreiszeichen: Krebs
Venus-Stunden nach Sonnenaufgang: 6., 13., 20.

Dienstag
Gehört dem Mars, das bedeutet Streit und Bewegung.
Tierkreiszeichen: Widder und Skorpion
Venus-Stunden nach Sonnenaufgang: 3., 10., 17.

Mittwoch
Steht im Zeichen des Merkur und dieser wiederum für Dualität, Intuition, Ortsveränderungen und freien Willen.
Tierkreiszeichen: Zwillinge und Jungfrau
Venus-Stunden nach Sonnenaufgang: 7., 14., 21.

Donnerstag
Beherrscht vom Göttervater Jupiter, dem Verantwortlichen für ein gesundes Urteilsvermögen und Führungsqualitäten.
Tierkreiszeichen: Fische und Schütze
Venus-Stunden nach Sonnenaufgang: 4., 11., 18.

Freitag
Der Tag der Venus, sie verheißt Liebe, Verbundenheit und Freundschaft.
Tierkreiszeichen: Stier und Waage
Venus-Stunden nach Sonnenaufgang: 1., 8., 15.

Samstag
Wird von Saturn regiert, mit Duldsamkeit, Ausdauer und Hartnäckigkeit verbunden.
Tierkreiszeichen: Steinbock und Wassermann
Venus-Stunden nach Sonnenaufgang: 3., 5., 19.

Damit er um Ihre Hand Anhalte

Während Ihr Geliebter schläft, schneiden Sie ihm eine Haarlocke ab — ohne ihn jedoch aufzuwecken! Sie werden seine Liebe gewinnen, wenn Sie um Mitternacht die Haare um einen Fingerring winden, verknoten und dabei folgenden Zauberspruch murmeln:

Zur Hexenstund´ verzaubere ich Dich,
dass du nie mehr liebst eine andre als mich.
Mit Herz und Seele, Haut und Haar,
bleib mir verbunden, Jahr um Jahr!

Ihr Liebhaber darf den Zauberring mit seinen Haaren auf keinen Fall zu Gesicht bekommen, tragen Sie ihn deshalb nur in seiner Abwesenheit oder an einer Kette um den Hals. Geben Sie Acht, ihn nicht zu verlieren. Nachts können Sie den Ring auch unter Ihr Kopfkissen legen.

Er soll nur noch Augen für Sie haben

Sammeln Sie – wenn möglich – zusammenpassende Muschelhälften am Strand oder kaufen Sie zwei Jakobsmuschelschalen. Muscheln symbolisieren Liebe, denn der Mythos erzählt, dass Venus, die Göttin der Liebe, in einer Muschel stehend an den Gestaden der Insel Zypern gelandet sei.

Nehmen Sie je ein kleines Foto von sich und Ihrem Auserwählten. Besitzen Sie keines, so genügt es, wenn Sie seinen Vor- und Zunamen mit roter Tinte (Farbe der Leidenschaft) auf ein rosa (der Liebe wegen) Papier schreiben.

Legen Sie die Bilder mit den Gesichtern (oder der Schrift) aufeinander, fixieren Sie sie mit einer Büroklammer und legen Sie sie in die Muschelhälften. Dann schließen Sie die Muschel und binden sie mit einem roten oder rosa Band zusammen. Bewahren Sie die Muschel an einem sicheren Ort auf. Lösen Sie den Knoten nur, wenn Sie auch den Liebeszauber lösen möchten.

Die Liebe herbeirufen

Dazu brauchen Sie eine rosa Kerze, einen Apfel, eine rote und eine weiße Rose — alles Objekte der Venus. Die weiße Rose ist außerdem mit dem Mond verbunden, der die Gefühlswelt symbolisiert. Suchen Sie sich auch noch ein langes rotes Band — es repräsentiert Leben, Blut und Leidenschaft.

Stellen Sie die Kerze auf den Tisch und entzünden Sie sie, bevor Sie den Zauber beginnen. Halbieren Sie den Apfel, stellen Sie die rote und die weiße Rose jeweils in eine eigene Vase und diese neben die Apfelhälften.

Blicken Sie in die Flamme. Konzentrieren Sie sich und senden Sie das Kerzenlicht mental zu dem Menschen, den Sie lieben. Wenn Sie niemand Bestimmten im Sinn haben, erheben Sie die Stimme und bitten Sie, der vom Schicksal für Sie Bestimmte möge bald in Ihr Leben treten:

Lass die ersehnte Liebe Wahrheit werden.

Binden Sie die Apfelhälften mit dem roten Band zusammen

Stellen Sie nun beide Rosen in eine Vase, um die Vereinigung der Liebenden zu manifestieren. Pusten Sie die Kerze aus. Vergraben Sie den Apfel in Ihrem Garten. Sind die Rosen verwelkt, »bestatten« Sie auch diese gemeinsam. Innerhalb eines Mondzyklus' wird die ersehnte Liebe erblühen.

FÜR EWIGE LIEBE

SIE HABEN DIE WAHRE LIEBE GEFUNDEN. Um diese für immer zu bewahren, sammeln Sie ausgekämmte Haare Ihres Liebsten oder Handschriftliches. Besorgen Sie Ähnliches auch von sich selbst.

Entzünden Sie um Mitternacht eine rote Kerze. Verbrennen Sie seine und Ihre Gegenstände gemeinsam, im Kamin oder einem dazu geeigneten (Metall-)Behälter. Wenn die Dinge in Flammen aufgehen, so sprechen Sie:

Seine Zuneigung zu mir gewinnt Ewigkeit
durch die Flamme der Liebe.

Blasen Sie die Kerze aus.

Den Liebsten in Bann ziehen

Entzünden Sie eine orangefarbene Kerze. Schreiben Sie Ihren vollständigen Namen und den Ihres Geliebten sowie beider Geburtsdaten mit roter Tinte auf ein orangefarbenes Stück Papier, nicht größer als 6 cm im Quadrat. Wiederholen Sie die Wörter und Ziffern dreimal.

Falten Sie nun das Stück Papier mit der Schrift nach innen so klein wie möglich zusammen. Halten Sie es anschließend in die Kerzenflamme und sprechen Sie dazu:

Liebe und Leidenschaft lodern heiß,
verlass mich nicht, um keinen Preis!

Legen Sie das magische Papier auf einen Teller oder in einen Aschenbecher, bevor sie sich die Finger verbrennen.

DEN GELIEBTEN FÜR IMMER AN SICH BINDEN

NEHMEN SIE ETLICHE ausgekämmte Haare Ihres Liebsten und verflechten Sie sie mit Strähnen Ihres eigenen ausgekämmten Haars. Dies muss an drei aufeinander folgenden Nächten bei zunehmendem Mond geschehen.

In der Vollmondnacht entzünden Sie eine silberne Kerze und sprechen folgenden Zauber:

Du Silbermond,
Dich fleh' ich an,
gib (Name der Person) mir
zum Ehemann!

Betten Sie die Haarsträhnen in ein Schmuckkästchen oder wickeln Sie sie in Geschenkpapier und bewahren Sie sie an einem geheimen Platz auf. Um den Zauber zu lösen, verbrennen oder vergraben Sie die Haare bei abnehmendem Mond.

Eine glückliche Liebes-beziehung begründen

Nehmen Sie eine getrocknete Bohne, einen Sonnenblumenkern und eine kleine Walnuss. Die Bohne steht für die Sinnenlust des Mannes und ist mit dem Liebesgestirn, der Venus, verbunden. Die Sonnenblume gehört natürlich zur männlichen Sonne, und die Nuss korrespondiert mit dem Leben eines Menschen, das ebenfalls von der Sonne gelenkt wird.

Schreiben Sie mit einem Filzstift den Namen Ihres Auserwählten auf die Nuss, mit einem Bleistift oder Füller auf den Sonnenblumenkern.

Kaufen Sie eine Herz-Ausstechform oder nehmen Sie einen 30 cm langen und 7 cm breiten Streifen Pappe und formen Sie daraus ein Herz, indem Sie 3 cm vom Ende des Streifens eine 5 cm langen Schnitt machen, in welchen Sie das lange Ende der Pappe einstecken. Kniffen Sie die gegenüber liegende große Rundung des Pappstreifens tief ein und ziehen Sie diese so weit nach unten, bis ein wohl geformtes Herz entsteht.

Als nächstes schmelzen Sie in einer kleinen Kasserolle eine rote Kerze — sie steht für das männliche Element — und eine rosa Kerze, als Symbol der Weiblichkeit. Entfernen Sie (mittels einer ausrangierten Gabel) die Dochte und verrühren sie das Wachs zu einer homogenen Masse, die Sie und Ihren Auserwählten repräsentieren soll.

Beträufeln Sie die Innenseite des Herzes mit Rosenöl, das zieht die Liebe an. Legen Sie Walnuss, Bohne und Sonnenblumenkern in die Mitte des Herzes (am besten auf ein Backblech o.ä.) und gießen Sie das flüssige Wachs in die Form. Lassen Sie es erkalten und lösen es dann vom Untergrund.

Bewahren Sie das Liebes-Amulett an einem sicheren, geheimen Ort auf. Wollen Sie den Zauber wieder aufheben, verbrennen Sie den Talisman im offenen Feuer.

Für starke Familienbande

Basteln Sie eine Hexenleiter um die Familienbande zu stärken und fehlgeleitete Teenager in den Schoß der Familie zurückzuholen.

Nehmen Sie eine 24 cm lange Schnur und machen Sie an beiden Enden einen Knoten. Besorgen Sie sieben ebenfalls 24 cm lange Fäden Baumwollgarn: einen goldgelben als Symbol der Sonne, einen weißen für den Mond, grau für den kommunikativen Merkur, grün für die Liebesgöttin Venus, rot für den kriegerischen Mars, blau für Göttervater Jupiter und schwarz für den Saturn. Wickeln Sie einen Faden nach dem anderen um die Schnur und verknoten Sie ihn.

Als nächstes brauchen Sie Baumwollfäden derselben Länge und zwar einen für jedes Familienmitglied, in der Farbe seines Sternzeichens. Wickeln Sie jedes Garnstück oberhalb der passenden Farbe um die Schnur und verknoten Sie es anschließend.

Rot für den Widder (21. März – 20. April)
Grün für den Stier (21. April – 21. Mai)
Silber oder grau für die Zwillinge (22. Mai – 21. Juni)
Weiß für den Krebs (22. Juni – 22. Juli)
Gold oder gelb für den Löwen (23. Juli – 23. August)
Silber oder grau für die Jungfrau (24. August – 23. September)
Grün für die Waage (24. September – 23. Oktober)
Rot für den Skorpion (24. Oktober – 22. November)
Blau für den Schützen (23. November – 21. Dezember)
Schwarz für den Steinbock (22. Dezember – 20. Januar)
Schwarz für den Wassermann (21. Januar – 19. Februar)
Blau für die Fische (20. Februar – 20. März)

Heben Sie die Hexenleiter in Ihrer Handtasche oder an einer anderen Stelle auf, wo Sie sie häufig zu Gesicht bekommen. Hat oder macht ein Familienmitglied Schwierigkeiten, nehmen Sie »seinen« Knoten zwischen Daumen und Zeigefinger und sprechen Sie Ihren Wunsch für sie/ihn laut aus. Er wird in Erfüllung gehen, weil es Ihnen gelungen ist, den familiären Zusammenhalt zu stärken.

Sich einen unwürdigen aus dem Herzen reissen

Ihre Beziehung ist am Ende, oder Ihr Partner hat sich als treulos und Ihrer Liebe unwürdig erwiesen. Sie können Ihren Liebeskummer lindern, indem Sie die dritte Person, falls es eine gibt, aus Ihrem Leben verschwinden lassen.

Schreiben Sie mit Kreide den Namen des zu Verbannenden auf einen großen, glatten Stein. Umwickeln Sie den Stein nun mit Stroh: Es steht für Leere, Untreue und einen Abschluss.

Versenken Sie den Stein in einem See, Fluss oder dem Meer, und die betreffende Person wird aus Ihrem Leben verschwinden.

DEN AUSERWÄHLTEN BEZAUBERN

SAMMELN SIE DAS ERDREICH, worin der Schuh Ihrer/s Angebeteten einen Abdruck hinterlassen hat, mit einem Schäufelchen auf oder kratzen Sie Erde von seinen Schuhen ab. Mischen Sie einige ausgekämmte Haare von ihm darunter und sprechen Sie dazu folgende Worte:

Von Kopf bis Fuß gehörst du mir, mein teures Herz,
bin nicht bei dir ich,
verzehre dich der Schmerz!

Bewahren Sie die Erde in Ihrem Garten oder einem Blumentopf auf. Bei zunehmendem Mond setzen Sie Zwiebeln von gelbem Krokus hinein, denn gelber Krokus ist der Liebe geweiht. Der oder die Auserwählte wird sich magisch zu Ihnen hingezogen fühlen.

Damit die Liebe bleibt

Suchen Sie nach einem Paar Zwillingskarotten oder anderem verschlungenem Wurzelgemüse, das einem sich umarmenden Menschenpaar gleicht. Die Karotten stehen im Zeichen des Merkur, des Gottes der Kommunikation.

Falls sich kein passendes Gemüse findet, können Sie auch zwei Mohrrüben nehmen und sie mit einem silbernen oder grauen Faden zusammenbinden.

Geben Sie der einen Ihren eigenen Namen, der anderen den des Objekts Ihrer Sehnsüchte. Stellen Sie die Karotten anschließend in ein großes Glas mit Wasser, das Sie täglich erneuern. Sobald sich Wasserbläschen an den Rüben bilden und zur Oberfläche aufsteigen, nehmen Sie die Karotten heraus. Putzen und kochen Sie das Gemüse, dann mischen Sie es unter ein Gericht, das Sie bevorzugtermaßen mit Ihrem Geliebten teilen.

EINEN VERFLOSSENEN ZURÜCKGEWINNEN

SCHREIBEN SIE DEN NAMEN Ihres abtrünnigen Geliebten rückwärts auf ein weißes Blatt Papier, am besten zu nächtlicher Stunde. Legen Sie das Blatt, ein Foto des Mannes und eines von sich so vor einen Spiegel, dass die Bilder hineinschauen. Stellen Sie eine pinkfarbene Kerze daneben und entzünden Sie diese mit den Worten:

Er schau das Licht und kehr zu mir zurück,
sei frisch entflammt, bereit zu neuem Glück!
Wenn Bild zu Bild, und Herz zu Herz sich wendet,
die Liebes-Bindung nimmer endet.

Nach drei Stunden verbrennen Sie das Blatt Papier mit seinem Namen in der Flamme und löschen sie anschließend. Er hat die Botschaft erhalten und kann gar nicht mehr anders, als zu Ihnen zurückzukommen.

DAS HERZ DES AUSERWÄHLTEN GEWINNEN

ENTZÜNDEN SIE zur mitternächtlichen Hexenstunde eine rote Kerze. Durchstechen Sie den Docht mit einer nagelneuen Nadel und sprechen Sie dazu die Worte:

's ist nicht sein Leib, nach dem ich mich verzehre,
allein sein Herz rot glühend ich begehre.
Kein Ruh' noch Schlaf (Name der Person)
mehr finde,
solang er nicht den Herzbund mit mir gründe.

Bleiben Sie vor der Kerze sitzen und ziehen Sie das Licht der Flamme tief in Herz und Geist, dann blasen Sie die Kerze aus.

UM ETWAS VERMISSTES ZURÜCKZUBEKOMMEN

SCHREIBEN SIE DEN NAMEN DESJENIGEN, der etwas von Ihnen besitzt, auf ein Stück rosafarbenes Papier von höchstens 4 cm im Quadrat. Darunter setzen Sie die Bezeichnung des Gegenstandes. Stechen Sie mit einer Stecknadel jede Menge Löcher in das Papier, in das Objekt und den Namen, um auch das Gewissen des unrechtmäßigen Eigentümers gleichsam zu durchbohren.

Legen Sie das Blatt auf ein Backblech und lassen Sie es im Herd bei schwacher Hitze bräunen. Der vermisste Gegenstand wird Ihnen bald zurückerstattet werden.

Klatsch und Tratsch ein Ende setzen

Vielleicht haben Sie ja eine Liaison, die Sie lieber geheim halten möchten, oder einfach nur aufdringlich neugierige Nachbarn. Was auch immer der Grund für Gerede über Sie sein mag, Sie können es abstellen.

Schreiben Sie die Namen der Klatschmäuler auf ein Stück Seidenpapier. Zeichnen Sie ein Papageienpärchen, Schnabel an Schnabel, oder schneiden Sie Bilder von einander zugewandten Papageien aus und kleben Sie sie auf. Legen Sie drei Knoblauchzehen, um die Keime des Klatsches zu zerstören, auf das Seidenpapier, falten Sie es anschließend zusammen und vergraben es irgendwo draußen. Dies wird den üblen Tratsch ersticken. Wie das Papier verrottet, so werden auch die Gerüchte verstummen.

FALLS DER GELIEBTE ZU WENIG ZEIT ERÜBRIGT

VIELLEICHT STEHEN SIE auf der Prioritätenliste Ihres Geliebten nicht an erster Stelle. Das können Sie ändern.

Dazu brauchen Sie eine orangefarbene Kerze und zwei Nadeln. Ritzen Sie in die obere Hälfte der Kerze seinen Namen ein, in die untere den Namen der Person oder Beschäftigung (Sport?), die den Liebsten von Ihnen fernhält. Stechen Sie dann die eine Nadel von links nach rechts durch den Docht, die andere in der Gegenrichtung. Stecken Sie die Kerze an. Sobald die Flamme durch die Nadeln scheint, blasen Sie sie aus, entfernen die Nadeln und entzünden Sie die Kerze erneut, während Sie folgenden Zauberspruch sprechen:

Dein Sinn' und Trachten allzeit auf mich richte,
wofür ich diese Zeilen dichte:
Das einzge Spiel, das noch gefalle dir,
sei das der Liebe — und nur mit mir!

Ist die Kerze über die Buchstaben heruntergebrannt, pusten Sie sie aus und vergraben Sie sie mit den Nadeln.

Um die Liebe zu mehren

Setzen Sie zwei Hyazinthenzwiebeln in einen erdgefüllten Blumentopf. Die eine repräsentiert Sie, die andere den Mann Ihrer Träume. Während Sie die Blumenzwiebeln eintopfen, beschwören Sie die Liebe mit folgendem Zaubervers:

Wenn die Wurzeln sich umschlingen,
sprießt Amore in den Dingen,
auch bei (Name der Person) sein ´s nicht nur profane Triebe,
nein – stetig wachse seine Liebe!

Stellen Sie den Topf in die Sonne. Gleich den Hyazinthen wird auch seine Liebe zu Ihnen gedeihen und zur vollen Blüte gelangen.

SICH VON EINEM NICHTS-WÜRDIGEN BEFREIEN

NEHMEN SIE EIN STÜCK GRAUES PAPIER und schreiben Sie den Namen der Person darauf, die Sie aus Ihren Gedanken verbannen möchten. Ziehen Sie mit einem schwarzen Stift ein Quadrat um die Buchstaben, um Sie am Eindringen in Ihre Gedanken zu hindern. Als Symbol Ihres Sieges falten Sie das Papier zweimal.

Wickeln Sie das Papier in Stroh oder trockene Blätter. Zünden Sie das Päckchen an und streuen Sie die Asche in alle vier Himmelsrichtungen – der Nichtswürdige wird für immer aus Ihrem Kopf und Herzen verbannt sein.

Gefühle ins Gegenteil verkehren

Sie benötigen ein Stück Kohle, eine Kreide sowie sieben Bind- oder Wollfäden in den Farben rot, orange, gelb, grün, hellblau, dunkelblau und violett.

Gehen Sie beim nächsten Vollmond nach draußen und nehmen dabei die Kohle in die linke und die Kreide in die rechte Hand. Kreuzen Sie die ausgestreckten Arme vor der Brust und sprechen Sie in Richtung Mond:

Frau Luna, ich erflehe Euren Segen,
verleiht ihn mir sowie des Glückes Regen!

Binden Sie nun Kohle und Kreide mit den bunten Fäden zusammen und vergraben Sie das Ganze. Ihre Gefühle werden sich binnen der folgenden 28 Tage, im Verlauf des nächsten Mondzyklus', ins Gegenteil verkehren.

AUF DASS IHR SCHWARM ENDLICH ZU IHNEN FINDE

STELLEN SIE EINE VASE MIT ROSEN vor einen Spiegel. Ritzen Sie mit einer Nadel den Namen des Liebsten in eine weiße Kerze. Lassen Sie diese täglich brennen, direkt neben den Blumen. Beginnen die Rosen zu welken, sammeln Sie die Blütenblätter und lassen Sie sie vom Wind in seine Richtung davontragen. Ihr Geliebter wird sich melden.

EINE BEZIEHUNG LÖSEN

SCHREIBEN SIE DEN NAMEN des zukünftigen Ex-Liebhabers auf eine Ingwerwurzel. Werfen Sie diese in einen Bach, Fluss oder ins Meer. Gehen Sie fort, ohne umzublicken, um jegliche Verbindung zwischen alter und neuer Lebensphase zu kappen.

Den Schlussstrich ziehen

Sie haben Ihrem Partner bereits klarzumachen versucht, dass es aus ist, aber er will nicht wahrhaben, dass Sie die Beziehung beenden wollen.

Besorgen Sie sich ein Stück Holz und sieben Eisennägel. Eisen bietet Schutz vor Dämonen. Die Sieben symbolisiert perfekte Ordnung und steht für einen abgeschlossenen Zyklus.

Schreiben Sie auf eine Seite des Holzes den Namen der Person, von der Sie sich trennen möchten. Schlagen Sie einen Nagel in die Worte.

Schreiben Sie auf die andere Seite des Holzstücks:

Unsere Beziehung ist zu Ende.

Schlagen Sie einen Nagel in die Schrift. Schreiben Sie daneben:

Du wirst unsere Trennung akzeptieren.

Schlagen Sie einen dritten Nagel in die Worte. Rechts von diesem Nagel schreiben Sie:

Du wirst mich nicht mehr anrufen.

Schlagen Sie einen vierten Nagel in die Worte. Schreiben Sie neben diesen Nagel:

Du wirst mich nicht mehr besuchen.

Schlagen Sie einen fünften Nagel in die Worte. Neben diesen fünften Nagel schreiben Sie:

Du wirst eine neue Liebe finden.

Schlagen Sie in die sechste Botschaft den sechsten Nagel. Notieren Sie zuletzt den Namen des Betreffenden und dahinter:

Gott segne dich.

Besiegeln Sie diese Worte mit dem siebten Nagel. Verbrennen Sie das Holz in einem offenen Feuer, bis nurmehr Asche übrig ist. Verbranntes Holz symbolisiert Weisheit und Tod, die Asche zeigt, dass der Boden für Neues bereitet ist.

EINE SCHEIDUNG ABWENDEN ODER BESCHLEUNIGEN

NEHMEN SIE EIN STÜCK PAPIER mit seiner Handschrift und eine kleine Flasche Kampferöl (gibt es in Naturkostläden und Apotheken).

In einer Vollmondnacht, in der Sie allein sind, legen Sie das beschriebene Papier in eine Schüssel. Schreiben Sie auf einen neuen weißen Zettel, dass Sie eine Scheidung herbeisehnen – oder dass Sie die Versöhnung wünschen. Legen Sie auch dieses Papier in die Schüssel.

Träufeln Sie sieben Tropfen Kampferöl auf die beiden Papierstücke. Sobald die Schrift verwischt ist, legen Sie sieben Eiswürfel auf das Ganze. Kampfer ist leicht entflammbar, und das Eis kühlt die brisante Situation.

Wollen Sie keine Scheidung, vergraben Sie das Papier, sobald das Eis geschmolzen ist, und verspritzen mit Ihren Fingern das Kampferwasser in sämtliche Räume Ihrer Wohnung. Der Geruch wird die Luft reinigen.

Wollen Sie die Scheidung, zerreißen Sie das Papier in winzige Fetzen und lassen Sie diese zusammen mit dem Kampferwasser im Küchenabfluss verschwinden. Verwenden Sie zum Nachspülen nur kaltes Leitungswasser.

AUF DASS IHNEN SEIN HERZ ZUFFLIEGE

RITZEN SIE AN EINEM SONNTAG mit einer Nadel den Namen Ihres Auserwählten in eine rote Kerze.

Zünden Sie die Kerze an und sprechen Sie siebenmal seinen Namen aus. Indes die Kerze abbrennt und der Name zerfließt, wird das Herz des Ersehnten in Liebe zu Ihnen entbrennen.

Zwei Liebende versöhnen

Lassen die Aufmerksamkeiten Ihres Partners deutlich zu wünschen übrig, oder haben Sie sich getrennt und möchten ihn zurückgewinnen? Nehmen Sie eine rote Kerze, die Männlichkeit und Leidenschaft symbolisiert, und eine weiße Kerze, die für weibliche Reinheit steht.

Ritzen Sie mit einer Nadel seinen Vor- und Zunamen in die rote Kerze und Ihren Vor- und Zunamen in die weiße Kerze.

Beträufeln Sie beide Kerzen mit ein paar Tropfen Lavendelöl. Lavendel untersteht dem Merkur und beseitigt Kommunikationsprobleme.

Reiben Sie die Kerzen jeweils von oben (Norden) zur Mitte hin mit dem Öl ein. Wiederholen Sie den Prozess von unten (Süden) aufwärts zur Mitte. Durch das Einölen übertragen Sie Ihre Gefühle auf die Kerzen.

Schreiben Sie anschließend Ihrer beider Vor- und Zunamen auf ein Stück Papier. Stellen Sie die Kerzen in Kerzenhaltern auf das Papier und zünden Sie sie an.

Setzen Sie sich ruhig hin und malen Sie sich aus, wie Sie beide vereint und glücklich zusammen sind. Nehmen Sie nun die beiden brennenden Kerzen und gießen Sie ein wenig rotes und ein wenig weißes Wachs über Ihrer beider Namen. Zuletzt träufeln Sie einige Tropfen Lavendelöl über das Wachs und sprechen dabei:

Dein Schicksal ist besiegelt. Wir sind Eins.

Eine Stunde, nachdem Sie Ihren Zauber begonnen haben, können Sie die Kerzen ausblasen. Stecken Sie den Zettel mit Ihren Namen in einen neuen weißen Briefumschlag, den Sie in Ihren Kopfkissenbezug, in eine Wäscheschublade oder unter Ihre Matratze legen. Hat der Zauber gewirkt und Sie beide sind glücklich vereint, können Sie den Umschlag vergraben oder verbrennen.

Einen Ungetreuen zurückerobern

Ihr Partner ist vom Pfad der wahren Liebe abgewichen, aber Sie möchten, dass er zu Ihnen zurückkehrt.

Zünden Sie eine orangefarbene Kerze an. Schreiben Sie vor der brennenden Kerze Ihren Vor- und seinen Zunamen in kleinen Buchstaben auf ein 5 x 5 cm großes Stück rosafarbenes Papier. Zeichnen Sie ein kleines Herz um die beiden Namen und anschließend ein Quadrat um das Herz. Verbrennen Sie einige ausgekämmte Haare von ihm in der Flamme und sprechen Sie dazu:

Das Tetragramm dein Herz schließt ein,
wirst auf ewig bleiben mein.
Kein' andre Frau sollst du berühren,
nur meine Zauber dich verführen.

Nach einer Stunde blasen Sie die Kerze aus, schneiden das Quadrat aus und legen es unter Ihre Türmatte. Bald wird er über die Schwelle treten.

DEN FAMILIENFRIEDEN WIEDERHERSTELLEN

ROLLEN SIE EINE BLAUE KERZE in getrockneter Minze oder reiben Sie sie vom Docht bis zum unteren Ende mit Minzöl ein. (Minze untersteht dem für die Kommunikation zuständigen Merkur.) Zünden Sie die Kerze an und denken Sie dabei an jedes einzelne Familienmitglied, das darunter leidet, dass der Familienfriede gestört ist – möglicherweise durch eine böse Auseinandersetzung.

Schreiben Sie auf ein kleines Stück weißes Papier die Namen aller Angehörigen, die Sie in Liebe zusammenführen wollen. Nehmen Sie eine Prise Salz und eine Messerspitze getrocknete oder frische Pfefferminzblätter oder etwas Pfefferminzöl (das zur Venus gehört) und reiben Sie beides mit den Fingerspitzen in das Papier ein. Falten Sie das Papier zu einem Kuvert, das die Kräuter und das Salz birgt. Halten Sie es an die Kerzenflamme und sprechen Sie dazu:

Ihr aller Blut, derselbe Lebenssaft,
gibt Mutter, Vater, Sohn und Tochter Kraft,
bringt Streit und Hader zum Erliegen,
und häuslich Friede wird obsiegen.

Legen Sie das Papier auf eine Untertasse, wo es verglüht. Lassen Sie die Kerze noch eine Stunde brennen, bevor Sie sie auspusten. Anschließend die Asche von der Untertasse vergraben.

Ein gebrochenes Herz heilen

Um sich von Vergangenem zu lösen, schneiden Sie einen Granatapfel in zwei gleiche Hälften. Sein Inneres sieht aus wie ein von Blutgefäßen durchzogenes Herz. Merkur, dem der Granatapfel untersteht, wird neuen Begegnungen ein Liebespotenzial verleihen. Schreiben Sie mit roter Tinte, die Blut und Leben symbolisiert, Ihren Namen auf ein kleines Stück weißes Papier. Legen Sie das Papier zwischen die Granatapfelhälften und heften Sie die

Frucht mit zwei Nadeln zusammen. Legen Sie den Granatapfel vor eine rosa Kerze. Zünden Sie die Kerze an und knoten Sie ein rotes Band oder eine dicke rote Kordel um die Frucht und sprechen dabei:

Mein' Herzens Qualen werden enden,
send' Venus Liebe mir aus vollen Händen.
Der unbekannte Traummann mich bald finde,
mit dieser Schnur sich an mich binde.

Damit die Tränen endgültig trocknen und Ihr Herz neue Wärme erfahre, legen Sie den Granatapfel in das Backrohr und lassen ihn bei schwacher Hitze dörren. Verstecken Sie die Frucht. Bald wird eine neue Liebe Ihr Herz erfüllen.

CUPIDO-ZAUBER

MIT DER CUPIDO-KARTE können Sie einen Auserwählten zu jeder beliebigen Tages- und Nachtzeit in Ihren Bann ziehen – vor allem wenn Sie auf der Suche nach neuer Liebe sind. Vielleicht möchten Sie Cupido anrufen, bevor Sie zu einer Verabredung gehen, oder im Anschluss an einen vielversprechenden Abend. Er vermag aber auch Unterstützung zu geben, wenn Ihr Partner beispielsweise eine wichtige geschäftliche Besprechung hat.

Legen Sie die Cupido-Karte auf den Tisch. Entzünden Sie 8 cm rechts von der Karte eine blaue oder goldene Kerze und konzentrieren Sie sich dabei auf Ihren Wunsch, der nicht unbedingt der Reimform bedarf, aber beispielsweise lauten könnte:

Mach, dass der heutige Abend ganz wunderbar wird.
Hilf, dass wir uns bald wieder versöhnen.
Mach, dass (Name der Person) mich anruft.
Hilf, dass (Name der Person) die Stelle bekommt.

Sind Sie nicht länger verliebt und möchten einen Zauberspruch, mit dem Sie jemanden in Ihren Bann zogen, rückgängig machen, legen Sie die Cupido-Karte vor sich auf den Tisch. Zünden Sie 8 cm links davon eine goldene oder blaue Kerze an und sprechen Sie:

Hiermit entlasse ich (Name der Person)
aus meinem Zauber.

Lassen Sie die Kerze noch eine Stunde brennen und löschen Sie sie dann. Stecken Sie Cupido zurück zu den anderen Karten.

VENUS-ZAUBER

SIE KÖNNEN AN DIE MACHT der Venus appellieren, wann immer Sie es wünschen, zu jeder beliebigen Tag- und Nachtzeit und an jedem beliebigen Wochentag. Legen Sie die Venus-Karte vor sich auf einen Tisch und zünden Sie 8 cm rechts davon eine silberne oder rosa Kerze an.

Blicken Sie in die Flamme und sprechen Sie dabei Ihren Wunsch laut aus, der beispielsweise so heißen könnte:

Venus, du weißt, dass ich (Name der Person) liebe.
Mach, dass er mich auch liebt.
Sorge dafür, dass sich (Name der Person) bei mir meldet.

Lassen Sie die Kerze brennen und meditieren Sie im flackernden Licht der Flamme über Ihren Wunsch. Löschen Sie die Kerze. Vielleicht entzünden Sie sie das nächste Mal, wenn Sie und der Mann Ihrer Träume beisammen sitzen.

Um eine Liebesaffäre zu beenden, die Sie mittels Zauber herbeigerufen haben, platzieren Sie die Venus-Karte rechts von der silbernen oder rosafarbenen Kerze und sprechen nach dem Anzünden:

(Name der Person) sei von meinem Zauber entbunden.

Lassen Sie die Kerze noch drei Stunden brennen und blasen Sie sie dann aus. Legen Sie Venus zurück zu den übrigen Karten.

WENN VENUS UND CUPIDO ZUSAMMENWIRKEN

ERHÖHEN SIE DAS LIEBESPOTENZIAL einer Verabredung, indem Sie vor dem Ausgehen Cupido und Venus einander gegenüber auf einen Tisch stellen.

Nach Ihrer Rückkehr stecken Sie die beiden, Bild auf Bild, zurück zu den übrigen magischen Karten.

Ein Wunsch zum Schluss

Jetzt, wo Sie die Liebe gefunden haben, halten Sie sie fest. Wärmen Sie Ihr Herz und Leben an ihrem hellen Glanz.

Entzünden Sie eine rosa Kerze und rufen Sie dabei laut den Namen des Geliebten.

Teilen Sie einen Apfel in zwei Längshälften. Binden Sie mit einem roten Schnürchen eine kleine weiße und eine kleine rote Rose zusammen und stecken Sie sie zwischen die beiden Apfelhälften.

Verschnüren Sie den Apfel mit einem roten Faden oder Band. Blicken Sie in die Flamme und durchstechen Sie den Docht der Kerze von rechts nach links mit einer Nadel. Sagen Sie dazu:

Weil Amors Pfeil nun steckt im Herzen sein,
bleibt (Name der Person) immer der Geliebte mein;
und Venus' Apfel-Rosen-Zauber spricht:
Nein, diese Liebe endet nicht!

Lassen Sie die Kerze während der nächsten drei Stunden brennen. Löschen Sie sie dann und vergraben Sie die Nadel.

Legen Sie den Apfel mit den Rosen auf das Schlafzimmerfensterbrett und lassen Sie alles liegen, bis es vertrocknet ist. Anschließend vergraben Sie alles im Garten oder einem anderen sicheren Ort im Freien. So wird die Liebe niemals welken, sondern Sie stets mit Blüten reich beschenken.

DANKSAGUNG

DANKEN möchte ich meiner Verlegerin Cindy, meiner Lektorin Liz sowie Chelsey, meiner Agentin. Mein Dank geht auch an David Fordham für die Typographie und an Jacqui Mair für die Illustrationen.

Und natürlich an Sie – meine Leser. Möge wahre Liebe Sie leiten. Dazu wünsche ich Ihnen, dass Sie allzeit imstande sind, Licht von Dunkel und Wahrheit von Lüge zu unterscheiden.

GILLIAN KEMP

Romeo
RITTER DER WAHREN
LIEBE

Herzensbrecher
RITTER DER
UNERWIDERTEN LIEBE

Hingabe
SONNE DER
UNERWIDERTEN LIEBE

Brüderlichkeit
RITTER DER
NÄCHSTENLIEBE

Verführer
RITTER DER
VERBOTENEN LIEBE

Herzeleid
STERNE DER
UNERWIDERTEN LIEBE

Sinnenlust
STERNE DER
VERBOTENEN LIEBE

Kaltherzigkeit
Hofdame der
Unerwiderten Liebe

Herzensdame
KÖNIGIN DER WAHREN
LIEBE

Licht im Dunkeln
MOND DER WAHREN
LIEBE

Friedensvater
König der
Nächstenliebe

Ewige Liebe
VENUS

Erfüllte Sehsüchte
STERNE DER WAHREN
LIEBE

Schneekönigin
KÖNIGIN DER
UNERWIDERTEN LIEBE

VII
Strahlende Liebe
SONNE DER
NÄCHSTENLIEBE

Hoffnung
MOND DER
UNERWIDERTEN LIEBE

Friedensmutter
KÖNIGIN DER
NĀCHSTENLIEBE

Zauberin
HOFDAME DER WAHREN LIEBE

Tief empfundene Liebe
MOND DER
NÄCHSTENLIEBE

Schwesterlichkeit
HOFDAME DER
NÄCHSTENLIEBE

Versucherin
HOFDAME DER
VERBOTENEN LIEBE

Leidenschaftliche Romanze
CUPIDO

Geheime Leidenschaft
KÖNIGIN DER
VERBOTENEN LIEBE

Himmlische Liebe
Sterne der Nächstenliebe

Ekstase
SONNE DER
VERBOTENEN LIEBE

Herr der Liebe
KÖNIG DER WAHREN
LIEBE

Leuchten der Liebe
SONNE DER WAHREN
LIEBE

Liebeskummer
KÖNIG DER
UNERWIDERTEN LIEBE

Schmerzenstränen
Mond der
Verbotenen Liebe

Casanova
König der
Verbotenen Liebe